DÉCRET DU 18 JUIN 1884

CONCESSION

DES

CONGÉS ET DES PERMISSIONS

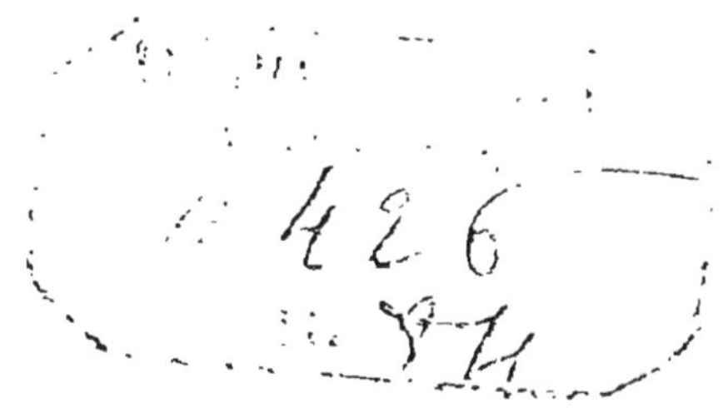

DÉCRET

DU 18 JUIN 1884

PORTANT RÈGLEMENT

SUR LA CONCESSION

DES

CONGÉS ET DES PERMISSIONS

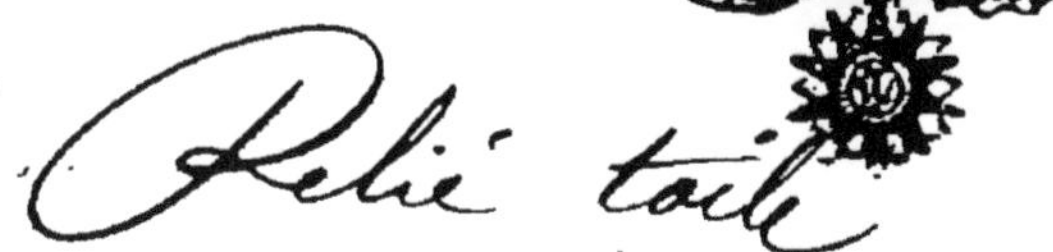

PARIS ET LIMOGES

IMPRIMERIE, LIBRAIRIE ET PAPETERIE

HENRI CHARLES-LAVAUZELLE

Editeur militaire.

RAPPORT

AU PRÉSIDENT DE LA RÉPUBLIQUE FRANÇAISE

SUR LA CONCESSION

DES

CONGÉS ET DES PERMISSIONS

Paris, le 18 juin 1884.

Monsieur le Président,

La concession des congés et des permissions aux militaires de tous grades a été, depuis l'ordonnance du 16 janvier 1822, l'objet de plusieurs décrets, décisions et instructions qui ont successivement modifié les règles à suivre, selon la nature et la durée des congés, les autorités appelées à les accorder et la situation des militaires qui en faisaient la demande.

Il m'a paru nécessaire de coordonner, dans un document unique, tout ce qui se rapporte à cette partie des règlements militaires, de supprimer en même temps des formalités qui ne sont pas indispensables, et de mettre l'application des règles anciennes et nouvelles en harmonie avec l'esprit des décrets et des lois qui ont récemment changé l'organisation de l'armée.

J'ai l'honneur de placer sous vos yeux les dispositions principales que j'ai introduites dans ce travail.

PRINCIPES GÉNÉRAUX

Les généraux commandant les corps d'armée avaient seuls le droit d'autoriser les militaires à changer de résidence pendant leurs permissions ou leurs congés. A l'avenir, cette autorisation sera donnée par les généraux commandant les subdivisions de région.

TITRE II

DES PERMISSIONS

On a ajouté au tableau des autorités ayant le droit d'accorder les permissions, les médecins directeurs du service de santé, créés depuis le décret du 27 novembre 1863, et les chefs de légion de gendarmerie.

Le gouverneur militaire de Paris aura le droit d'accorder des permissions de huit jours avec solde de présence aux officiers sortant de l'Ecole normale de gymnastique et de l'Ecole pratique du génie de Versailles, ou venus à Paris pour subir des examens, ainsi qu'à ceux qui y sont de passage, lorsque, pour des motifs sérieux, ces officiers auront besoin de faire un court séjour dans la capitale.

TITRE III

DES CONGÉS

D'après les règles en vigueur, les majors, les officiers comptables des corps de troupe, les médecins, les vétérinaires et les officiers d'administration gestionnaires ne peuvent obtenir que du Ministre des congés pour affaires personnelles ; cette centralisation excessive a paru susceptible d'être atténuée : à l'avenir, les généraux commandant les corps d'armée accorderont, par délégation permanente du Ministre, des congés dans la limite de trois mois à cette catégorie d'officiers, comme à tous les autres ; le Ministre ne se réserve de statuer qu'à l'égard des demandes des officiers chefs de service.

Les congés de convalescence sont toujours accordés à la suite de visites et de contre-visites faites par les médecins des corps et des hôpitaux ; ils peuvent être considérés comme la continuation du traitement à l'infirmerie, à la chambre ou à l'hôpital, c'est avant tout une question médicale. D'ailleurs, il y a toujours un très grand avantage pour l'hygiène de l'armée, soit à diminuer le nombre des malades dans un hôpital, soit à soustraire rapidement un convalescent à des influences pernicieuses. Il n'y aurait donc aucun inconvénient à ce que les généraux commandant les groupes de subdivisions de région en France (les généraux de division et même, dans certains cas, les généraux de brigade) et les généraux commandant les divisions en Algérie et en Tunisie, pussent, par délégation spéciale du général commandant le corps d'armée ou du Ministre, accorder ces congés.

Les demandes de congé formées par les hommes de troupe, à titre de soutien de famille seront, comme par le passé, l'objet d'un examen bienveillant de la part des chefs de corps, et pourront être accordées dans la proportion de 2 p. 100 de l'effectif, aux hommes qui auront justifié de situations de famille intéressantes, si d'ailleurs, par leur conduite, leur manière de servir et leur instruction militaire, ils sont dignes de la faveur qu'ils sollicitent. Les militaires gradés, ainsi que les soldats de 1re classe, feront la remise de leurs galons avant de partir en congé, si leur absence doit atteindre trois mois.

TITRE IV

DISPOSITIONS COMMUNES AUX PERMISSIONS ET AUX CONGÉS

Le titre IV reproduit les dispositions bienveillantes récemment adoptées pour les officiers allant en permission ou en congé hors du continent, et pour ceux qui viennent d'Afrique, de Corse ou d'une armée active hors de France : le temps nécessaire pour la traversée ou pour se rendre à la frontière ne comptera pas dans la durée du congé ou de la permission ; de plus, les généraux commandant les corps d'armée sur le territoire desquels se trouvent les ports d'embarquement pourront accorder, aux officiers venus d'outre-mer, le nombre de jours de permissions nécessaires pour leur permettre de ne revenir au port d'embarquement que la veille du départ du premier paquebot partant après l'expiration du congé ou de la permission.

TITRE V

DES PROLONGATIONS DE PERMISSIONS ET DE CONGÉS

Jusqu'à présent, les prolongations de permissions n'étaient accordées que par les généraux commandant les corps d'armée. Dans le but de diminuer le travail des états-majors de corps d'armée et de donner plus rapidement satisfaction à des demandes justifiées par des causes imprévues, il me semble utile que tous les généraux exerçant un commandement territorial puissent accorder ces prolongations dans les limites et dans les conditions déterminées par les articles 11 et 37 du nouveau décret ; toutefois, les militaires qui désireraient obtenir des prolongations de permission devront, au préalable, se munir de l'assentiment de leur chef de corps ou de service.

Les mêmes principes seront suivis pour la concession des prolongations de congés ; mais les congés à titre de soutien de famille ne pourront être prolongés jusqu'à six mois que par le gouverneur militaire ou le général commandant le corps d'armée sous les ordres duquel les hommes de troupe sont normalement placés. Au delà de six mois, ces congés seront prolongés par le Ministre.

Une mesure particulière, motivée par des circonstances toutes spéciales, a été prise à l'égard des officiers du 19° corps et de la division d'occupation de Tunisie ; ces officiers n'obtiendront de prolongation de permission ou de congé que quand les généraux commandant le 19° corps d'armée et la division d'occupation de Tunisie auront donné leur assentiment aux demandes qui leur auront été préalablement soumises. Ce n'est que dans le cas d'urgence absolue que les intéressés pourront s'adresser à cet effet au Ministre, par l'intermédiaire du général commandant le corps d'armée sur le territoire duquel ils se trouvent en permission ou en congé ; les prolongations auront, dans ce cas, pour but de permettre aux intéressés d'attendre la décision des généraux commandant le 19e corps d'armée ou la division d'occupation de Tunisie.

Le titre VI contient des dispositions spéciales au personnel du service de la justice militaire qui, par la nature de ses fonctions, se trouve dans des conditions différentes de celles des autres personnels de l'armée.

Le titre VIII est relatif à la gendarmerie. Les attributions des diverses autorités pour la concession des permissions, ainsi que les diverses formalités à remplir pour obtenir les congés et les permissions, y ont été définies.

Enfin, d'autres modifications de détail ont été apportées aux modèles de demandes d'absence, aux modèles des titres d'absence et aux comptes à rendre.

J'ai cherché à donner dans ce travail une large part aux intérêts des militaires de tous grades, sans qu'il en résulte aucun préjudice pour la discipline et l'instruction.

Si vous approuvez les dispositions qu'il contient, je vous prie de vouloir bien revêtir de votre signature le projet de décret ci-joint, qui entrerait en vigueur à dater du jour de l'insertion au *Journal militaire officiel*.

Veuillez agréer, Monsieur le Président, l'hommage de mon respectueux dévouement.

Le Ministre de la guerre,

Signé : E. CAMPENON.

DÉCRET

PORTANT RÈGLEMENT SUR LA CONCESSION

DES

CONGÉS ET DES PERMISSIONS

Paris, le 18 juin 1884.

Le Président de la République française.

Sur le rapport du Ministre de la guerre,

Décrète :

TITRE PREMIER

PRINCIPES GÉNÉRAUX

Art. 1er. Hors les cas de maladie constatée, d'entrée à l'hôpital. de convocation par l'autorité compétente ou de mission, les militaires ne doivent s'absenter de leur corps ou de leur poste qu'en vertu de permissions ou de congés.

Art. 2. Les demandes de permission ou de congé doivent être adressées, par la voie hiérarchique, aux autorités qui ont qualité pour les accorder.

Art. 3. Les militaires qui se rendent en congé ou en permission ne doivent jamais quitter leur corps ou leur poste, sans être porteurs du titre dûment régularisé en vertu duquel ils s'absentent. Les hommes doivent, en outre, être porteurs de leur livret.

Art. 4. Les permissions et les congés doivent

toujours indiquer, d'une manière précise, la durée de l'absence autorisée, la date du départ et celle fixée pour la rentrée, ainsi que le lieu où le militaire est autorisé à se rendre.

Art. 5. Les généraux commandant les subdivisions de région peuvent accorder aux militaires en permission ou en congé, dans l'étendue de leur commandement, l'autorisation de changer de résidence pendant la durée de ces absences; ils en donnent avis au général commandant le corps d'armée dans lequel se rend. ou se trouve l'intéressé, ainsi qu'aux chefs de corps ou aux directeurs des services dont relèvent normalement les intéressés.

Ces autorisations sont inscrites sur le titre d'absence et l'avis en est donné à qui de droit au moyen du bulletin n° 9.

Art. 6. Les officiers généraux, les intendants généraux et les intendants militaires, les médecins et pharmaciens inspecteurs en position d'absence, qui désirent changer de résidence, peuvent le faire sans autorisation; ils doivent prévenir l'autorité militaire supérieure de laquelle ils relèvent normalement.

Le Ministre est immédiatement informé de ces changements de résidence.

Art. 7. Toutes les autorisations d'absence accordées aux officiers et assimilés, à quelque titre que ce soit, font l'objet de bulletins individuels de compte-rendu conformes au modèle n° 1 ci-annexé.

Art. 8. Ces bulletins sont transmis, par la voie hiérarchique et sans lettre d'envoi, au gouverneur militaire ou au général commandant le corps d'armée, par l'officier général ou par le chef de corps ou de service qui a signé l'autorisation d'absence. Ils sont immédiatement adressés au Ministre.

Au cas où l'autorisation d'absence est donnée par le Ministre, le bulletin est signé par le gouverneur militaire ou le général commandant le corps d'armée.

Art. 9. Les gouverneurs militaires ou les généraux commandant les corps d'armée rendent spécialement et immédiatement compte au Ministre des autorisations d'absence qu'ils ont accordées aux officiers généraux, aux intendants généraux et intendants militaires, aux médecins inspecteurs, aux directeurs des services et aux chefs de corps sous leurs ordres.

Art. 10. Les demandes de permissions et de congés des militaires appartenant à des corps de troupe ou services détachés d'une région dans une autre sont faites *à l'autorité locale*, qui statue dans les conditions prévues par le présent décret, sous la réserve de faire donner avis de sa décision au commandement dit *normal*, par les commandants des troupes dont il s'agit. Toutefois, en ce qui les concerne personnellement, ces commandants doivent en France justifier de l'assentiment du commandant *normal*, hors le cas d'urgence.

TITRE II

DES PERMISSIONS

Autorités par qui elles sont accordées.

Art. 11. Il peut être accordé des permissions d'absence pour cause de convenance personnelle :

avec solde de présence ou d'absence à tous les officiers, aux fonctionnaires, assimilés ou employés militaires, aux sous-officiers rengagés ou commissionnés, aux militaires de la gendarmerie et hommes de troupe de tous grades des régiments de spahis; sans solde à tous les autres militaires, dans les limites fixées par le tableau ci-après.

Les permissions pour aller à l'étranger ne sont accordées que par le Ministre.

TABLEAU

DES

PERMISSIONS D'ABSENCE

(1) Les membres des tribunaux militaires et le personnel de la justice militaire ne sont pas compris dans la règle commune et font l'objet de dispositions spéciales.
(Voir le titre 6e.)
Les officiers de réserve et de l'armée territoriale pourront, lors des convocations et pour des cas très urgents, obtenir des permissions dans les conditions indiquées par le présent tableau, mais elles ne donneront droit à aucune solde.
Les commandants de compagnie de gendarmerie, bien que chefs de corps, ne peuvent accorder que des permissions de 2 jours avec solde de présence ou de 4 jours avec solde d'absence. Voir article 59 du décret.)

A QUI CONCÉDÉES.	Par les gouverneurs militaires et les généraux commandant les corps d'armée.		Par les généraux commandant les divisions.		Par les généraux de brigade, les directeurs du service de l'in tendance, les médecins ins pecteurs directeurs du service de santé et les colonels com mandant les subdivisions ter ritoriales.		Par les chefs de corps ou de ser vices, les chefs de légion de gendarmerie, les médecins princi paux directeurs du service de santé, les com mandants de groupes de ba taillons de for teresse et les commandants de bataillons déta chés hors de leur région de corps d'armée sans faire par tie d'un groupe de bataillons de forteresse.		Par délégation spéciale du Ministre, par les comman dants des Écoles supe rieure de guerre, spe ciale militai re, d'infante rie, polytech nique, pryta née militaire, d'application de cavalerie, militaire du génie et de l'artillerie, d'application de l'artillerie et du génie, de médecine et de phar macie mili taires, d'ad ministration.	OBSERVATIONS.
	Avec solde de présence.	Avec solde d'absence ou sans solde.	Avec solde de présence.	Avec solde d'absence ou sans solde.	Avec solde de présence.	Avec solde d'absence ou sans solde.	Avec solde de présence.	Avec solde d'absence ou sans solde.		
Aux officiers généraux.										
Aux intendants generaux et inten dants militaires										
Aux médecins et pharmaciens ins pecteurs										
Aux commandants de place (officiers de l'ancien état-major des places .										
Aux chefs de corps de troupe . . .										
Aux chefs de légion de gendarmerie										
Aux directeurs du service de santé.										
Aux commandants du génie de région										

l'artillerie, présidents de commissions d'expériences et sous-inspecteurs des forges . . . . . . Aux officiers supérieurs directeurs du génie . . . . . . Aux officiers supérieurs commandant une école militaire, une circonscription ou un dépôt de remonte . . . . . . Aux commandants des bureaux de recrutement et de mobilisation . . Aux autres officiers et fonctionnaires militaires, aux employés militaires, aux sous-officiers rengagés ou commissionnés. . . . . }	30	30	15	30	8	15	4	8	»
Aux hommes de troupe indigènes des régiments de spahis et aux militaires de la gendarmerie 1.) Aux officiers, aux sous-officiers, rengagés ou commissionnés faisant partie du personnel des Ecoles ne relevant pas directement du Ministre, sur la proposition des commandants de ces écoles (sans solde). . . . }	30	»	»	»	»	»	»	»	»
Aux autres militaires faisant partie du même personnel . . . . }	»	30	»	»	»	»	»	»	»
Aux sous-officiers non rengagés ou commissionnés, aux caporaux brigadiers, soldats et enfants de troupe (sans solde, 1). . . . . . }	»	30	»	30	»	15	»	8	»
Aux officiers et aux sous-officiers rengagés ou commissionnés faisant partie du personnel des Ecoles qui ne relèvent que du Ministre (avec solde de présence ou d'absence). . . . . . }	»	»	»	»	»	»	»	»	30
Aux autres militaires faisant partie du même personnel (sans solde) . }	»	»	»	»	»	»	»	»	30

Dispositions spéciales aux Écoles.

Art. 12. Par délégation spéciale du Ministre, les commandants de l'École supérieure de guerre, de l'École spéciale militaire, de l'École militaire d'infanterie, de l'École polytechnique, du Prytanée militaire, de l'École d'application du génie et de l'artillerie, de l'École d'application de cavalerie, de l'École de sous-officiers d'artillerie et du génie, de l'Écoles de médecine et de pharmacie militaires, de l'École d'administration peuvent accorder des permissions de trente jours avec solde de présence ou d'absence aux officiers et aux sous-officiers rengagés ou commissionnés sous leurs ordres. Pour tous les autres militaires employés dans l'École, les permissions sont toujours sans solde.

Les généraux commandant les corps d'armée sur le territoire desquels sont placées les autres écoles (École de gymnastique, École normale du camp de Châlons, Écoles régionales de tir du camp de Châlons, de La Valbonne, du Ruchard, École centrale de pyrotechnie militaire, Écoles d'artillerie, Écoles d'enfants de troupe) accordent, sur la proposition des commandants de ces écoles, dans les mêmes conditions et sous les mêmes réserves que celles déterminées par l'article 11 du présent décret, des permissions au personnel militaire relevant de ces écoles.

De la forme des demandes de permission.

Art. 13. Toute demande de permission formulée en faveur des officiers ou assimilés doit être conforme au modèle n° 2 annexé au présent décret.

Pour les sous-officiers et soldats de toutes armes, la demande sera conforme au modèle n° 3.

Formules de permission.

Art. 14. Les permissions des officiers et assimilés sont établies sur des formules conformes au modèle nᵒ 4.

Celles des sous-officiers et soldats le sont sur des formules conformes au modèle nᵒ 5.

Des permissions à titre de sursis.

Art. 15. Les gouverneurs militaires et les généraux commandant les corps d'armée peuvent accorder des permissions à titre de sursis, avec solde de présence, aux officiers de tous grades et de toutes armes, y compris ceux passant dans la gendarmerie, aux officiers sans troupe, aux fonctionnaires, aux assimilés et aux employés militaires changeant isolément de résidence ou de corps, ou en instance de permutation et pour lesquels la nécessité en est constatée.

Les généraux de division et de brigade peuvent accorder des permissions avec solde de présence, à titre de sursis, dans les conditions spécifiées au tableau qui fait suite à l'article 11.

Les permissions à titre de sursis ne sont accordées que pour quinze jours au plus, et, pour chaque grade, dans les limites fixées au même tableau.

Il n'est pas accordé de sursis, sous quelque prétexte que ce soit, lorsque l'ordre de service ministériel prescrit à l'officier, au fonctionnaire, à l'assimilé ou à l'employé militaire de rejoindre d'urgence son poste, ou qu'il précise la date de l'arrivée à destination.

Les permissions à titre de sursis ne sont pas

exclusives des délais de route et de tolérance déterminés par les règlements en vigueur.

Art. 16. Les gouverneurs militaires, les généraux commandant les corps d'armée, les généraux de division et de brigade dans le gouvernement, la région ou la subdivision de région desquels se trouve le point de départ de l'officier, du fonctionnaire, de l'assimilé ou de l'employé militaire, ont seuls qualité pour accorder des permissions à titre de sursis d'arrivée.

Officiers venant d'outre-mer.

Art. 17. Les dispositions qui précèdent sont applicables aux officiers venant d'outre-mer, qui doivent demander les sursis dont ils ont besoin aux généraux commandant les divisions ou les subdivisions sur le territoire desquels ils se trouvent au moment de leur départ.

Officiers de passage à Paris.

Art. 18. Le général gouverneur militaire de Paris peut accorder des permissions de huit jours avec solde de présence :

1° Aux officiers sortant de l'École normale de gymnastique ou venant de suivre les cours des travaux pratiques de l'École du génie de Versailles ;

2° Aux officiers venus à Paris pour y subir des examens ;

3° Aux officiers en passage à Paris, munis d'une feuille de route et dont la lettre de service ne porte aucune mention spéciale à la date de l'arrivée, lorsque, pour des motifs sérieux, ces officiers ont besoin de faire un court séjour dans la capitale.

Les dispositions du dernier alinéa de l'article 15 sont applicables à ces permissions.

TITRE III

DES CONGÉS

Des différentes espèces de congés.

Art. 10. Les absences pour cause de santé ou de convenance personnelle, dont la durée doit dépasser trente jours, sont autorisées sous forme de congé.

Les différentes espèces de congés sont :

Les congés pour affaires personnelles.

Les congés de convalescence.

Les congés à titre de soutien de famille.

Les congés pour aller faire usage des eaux.

Les congés pour aller à l'étranger.

Les congés à titre de continuation d'études.

Les congés renouvenables spéciaux aux militaires du génie détachés dans les compagnies de chemins de fer.

Autorités par lesquelles les congés sont accordés.

Art. 20. Conformément aux dispositions contenues dans l'article 2, alinéa 4, de la loi du 13 mars 1875, hors le cas de maladie ou de convalescence, le Ministre seul peut accorder les congés ou les permissions qui excèdent trente jours et prolonger les congés de quelque nature qu'ils soient. Toutefois, ses pouvoirs sont délégués d'une manière permanente, dans les conditions et les limites ci-après indiquées, aux gouverneurs militaires et aux généraux commandant les corps d'armée.

Les congés pour affaires personnelles sont accordés, dans la limite de *trois mois*, par les gouverneurs militaires et les généraux commandant les corps d'armée : aux officiers, aux fonctionnaires, aux assimilés, aux employés militaires et aux hommes de troupe de tous grades, sauf les exceptions mentionnées dans le paragraphe suivant ; au-delà de *trois mois*, par le Ministre.

Le Ministre seul accorde les congés pour affaires personnelles, quelle qu'en soit la durée : aux généraux, aux contrôleurs de l'administration de l'armée, aux intendants généraux et intendants militaires, aux médecins et pharmaciens inspecteurs, aux chefs de légion de gendarmerie, aux chefs de corps, aux directeurs du service de santé, aux commandants du génie de région, aux officiers supérieurs directeurs des différents établissements de l'artillerie, présidents de commissions d'expériences et sous-inspecteurs de forges, aux officiers supérieurs directeurs du génie, aux médecins-chefs des hôpitaux, aux officiers supérieurs commandant une école militaire, une circonscription ou un dépôt de remonte, aux commandants des bureaux de recrutement et de mobilisation.

Les gouverneurs militaires, les généraux commandant les corps d'armée et les inspecteurs généraux d'armes peuvent accorder des congés, sans limite de durée, aux officiers, aux fonctionnaires, aux assimilés, aux employés militaires et aux hommes de troupe en instance de retraite et qui désirent attendre dans leurs foyers la liquidation de leur pension.

Les congés de convalescence sont accordés, dans la limite de *six mois*, par les gouverneurs militaires et les généraux commandant les corps d'armée : aux officiers, aux fonctionnaires, aux assimilés, aux employés militaires et aux hommes de troupe de tous grades; au delà de *six mois*, par le Ministre.

Les congés à titre de soutien de famille sont accordés, dans la limite de *six mois*, par les gouverneurs militaires et les généraux commandant les corps d'armée ; au delà de six mois, par le Ministre.

Les congés pour aller faire usage des eaux sont accordés, dans la limite de deux mois, par les gouverneurs militaires et les généraux commandant les corps d'armée : aux officiers, aux fonctionnaires, aux assimilés et employés militaires de tous grades; la solde de présence est acquise pour le temps passé aux eaux et pour les délais réglementaires de route.

Les congés pour aller à l'étranger ne sont accordés que par le Ministre, qui en règle les conditions au point de vue de la solde.

Les pouvoirs dévolus aux gouverneurs militaires et aux généraux commandant les corps d'armée le sont, dans les mêmes conditions et sous les mêmes réserves, par délégation spéciale du Ministre, en ce qui concerne le personnel placé sous leurs ordres, aux commandants de l'Ecole supérieure de guerre, de l'Ecole spéciale militaire, de l'Ecole militaire d'infanterie, de l'Ecole polytechnique, du Prytanée militaire, de l'Ecole d'application de l'artillerie et du génie, de l'Ecole d'application de cavalerie, de l'Ecole de sous-officiers d'artillerie et du génie, de l'Ecole d'application de médecine et de pharmacie militaires et de l'Ecole d'administration.

Forme des demandes de congés.

Art. 21. Toute demande de congé formulée en faveur des officiers, des fonctionnaires, des assimilés et des employés militaires, est conforme au modèle n° 2, annexé au présent décret.

Pour les hommes de troupe, la demande est conforme au modèle n° 3.

Forme des titres de congés.

Art. 22. Les congés délivrés aux officiers, aux fonctionnaires, aux assimilés et aux employés militaires, sont conformes au modèle n° 6.

Ceux délivrés aux hommes de troupe sont conformes au modèle n° 7. et au modèle n° 8 pour les congés de convalescence.

DISPOSITIONS SPÉCIALES A CHAQUE SORTE DE CONGÉ

1° Des congés pour affaires personnelles.

Motifs des demandes de congés.

Art. 23. Le militaire qui demande un congé pour affaires personnelles doit faire connaître les motifs de sa demande, ainsi que le lieu où il désire jouir de son congé.

Les officiers comptables des corps de troupe ou des établissements considérés comme tels ne peuvent obtenir de congé sans produire un certificat du conseil d'administration, revêtu de l'avis du sous-intendant militaire, constatant que la situation de leurs écritures ne s'oppose pas à leur absence.

Personnel de santé. — Personnel administratif employé dans les hôpitaux.

Art. 24. Les demandes de congé du personnel du corps de santé employé dans les hôpitaux sont transmises d'après les règles suivantes :

Pour les médecins chefs, par le directeur du service de santé au général commandant le corps d'armée et, par ce dernier au Ministre, quand la durée du congé excède les limites indiquées à l'article 20 (2° alinéa).

Pour les autres officiers du corps de santé et les officiers d'administration, par le médecin-chef au directeur du service de santé et, par ce dernier, au général commandant le corps d'armée, qui transmet la demande au Ministre quand la durée du congé excède les limites indiquées à l'article 20 (2° alinéa).

Le sous-intendant militaire chargé de la surveillance administrative de l'hôpital donne son avis, quand il s'agit du pharmacien ou de l'officier comptable gestionnaire.

Les demandes de congé et de permission au-dessus de quatre jours des médecins des corps de troupe doivent porter l'avis du directeur du service de santé du corps d'armée chargé de l'ensemble de ce service ; les demandes lui sont adressées par le conseil d'administration du corps ; il les lui renvoie après y avoir porté son avis.

2° *Des congés de convalescence.*

Art. 25. Les demandes de congés à titre de convalescence sont adressées aux généraux de division commandants territoriaux, qui peuvent accorder les congés par délégation des commandants de corps d'armée ; elles sont appuyées des certificats de visite et de contre-visite délivrés par les médecins traitants et les médecins chefs des hôpitaux militaires ou, à leur défaut, par ceux des hospices civils où les militaires postulants sont en traitement, ou se font visiter. Dans ce dernier cas, la contre-visite est passée par des médecins militaires des corps de troupe, ou, en cas d'impossibilité, par des médecins civils spécialement désignés par le général commandant la subdivision de région.

Toutefois, les généraux de brigade commandant les subdivisions de région statueront par délégation des commandants de corps d'armée, aussitôt qu'elles leur parviendront, sans attendre l'époque de la visite mensuelle, sur toutes les propositions régulières de sortie par congé de convalescence formées en faveur de militaires en traitement dans un établissement hospitalier (militaire ou militarisé) situé sur le territoire de leur commandement.

L'avis motivé du commandant d'armes ou du major de la garnison où se trouve l'établissement hospitalier, sera joint aux certificats de visite et de contre-visite des médecins.

Tout congé ainsi délivré sera porté immédiatement, par la voie hiérarchique, à la connaissance du chef de corps ou de service auquel appartiendra l'intéressé.

3° Des congés à titre de soutien de famille.

Art. 26. Les gouverneurs militaires et les généraux commandant les corps d'armée peuvent accorder aux sous-officiers et soldats, ayant deux années de présence effective et dans la proportion de 2 p. 100 de l'effectif, des congés à titre de soutien de famille.

Chaque demande est appuyée du certificat spécial n° 5, signé par trois pères de famille, visé par le maire et le sous-préfet.

Les militaires gradés et les soldats de 1re classe feront la remise de leurs galons avant de partir en congé, quand leur absence devra atteindre une durée de trois mois.

Art. 27. Les chefs de corps examinent les demandes de congé qui leur parviennent ; ils s'assurent, par une enquête faite par la gendarmerie, que ces demandes répondent à des besoins réels et que les justifications qui les accompagnent sont régulières au point de vue des règlements ; les militaires qui en sont l'objet doivent posséder une instruction militaire suffisante, et n'avoir rien laissé à désirer sous le rapport de la conduite et de la manière de servir.

4° Des congés pour aller faire usage des eaux.

Art. 28. Ces congés, dont la durée ne peut dépasser deux mois, sont délivrés par les gouverneurs militaires et les généraux commandant les corps d'armée ; les demandes sont accompagnées de certificats de visite individuels spéciaux pour toutes ces sortes de congés.

5° Des congés à titre de continuation d'études.

Art. 29. Ces congés, dont la durée est de six mois, sont accordés par le Ministre ; ils peuvent être renouvelés par les gouverneurs militaires et les généraux commandant les corps d'armée, agissant par délégation spéciale du Ministre.

Ils sont accordés aux élèves boursiers militaires des Ecoles vétérinaires qui, conformément à l'article 47 de loi du 27 juillet 1872, ont contracté un engagement de cinq ans pour servir dans un corps de cavalerie.

La demande du premier congé est présentée et transmise hiérarchiquement par les chefs de corps dans lesquels les jeunes gens sont immatriculés. Quant aux demandes de prolongation, elles sont adressées par les directeurs des écoles au général commandant la subdivision territoriale qui les transmet au gouverneur militaire ou au général commandant le corps d'armée.

Toute demande de congé ou de prolongation de congé est accompagnée d'un certificat du directeur de l'école dans laquelle les élèves font leurs études constatant qu'ils en suivent réellement les cours.

Les titres de congé ou de prolongation sont remis à l'élève par l'intermédiaire du directeur de l'établissement où il est inscrit, et avis en est donné au corps d'affectation.

Des congés à titre de continuation d'études sont également délivrés aux élèves du service de santé militaire, dans les conditions suivantes :

Le soin d'établir le premier titre de congé appartient au régiment d'infanterie auquel l'élève a été affecté, pour ordre, lors de son incorporation.

Ce titre est ensuite transmis, par l'intermédiaire du général commandant le corps d'armée, au médecin-chef de l'hôpital auquel est attaché l'élève du service de santé.

Quant aux demandes de prolongation, elles sont adressées, par les élèves eux-mêmes, aux médecins-chefs desdits hôpitaux, accompagnées, chaque fois, d'un certificat du recteur de la faculté dans laquelle l'élève fait ses études, constatant qu'il en suit réellement les cours.

Ces demandes sont transmises par les directeurs du service de santé au général commandant le corps d'armée, sur le territoire duquel se trouve l'hôpital auquel les élèves sont affectés, qui statue, par délégation spéciale du Ministre.

La prolongation une fois accordée, mention en est faite sur le titre primitif dont l'élève est détenteur, et un bulletin d'avis est adressé par le général commandant le corps d'armée dans le ressort duquel se trouve l'hôpital, au général commandant le corps d'armée ayant sous ses ordres le corps de troupe d'affectation.

6° Des congés renouvelables, spéciaux aux militaires du génie détachés dans les compagnies des chemins de fer.

Art. 30. Ces congés, d'une durée de six mois, sont accordés et renouvelés par les généraux gouverneurs militaires et commandant les corps d'armée sur le territoire desquels se trouvent ces militaires.

Le premier congé est accordé sur la demande du chef du corps dans lequel l'homme est immatriculé.

Toute demande de renouvellement est accompagnée d'un certificat du chef de service de la compagnie dans laquelle est détaché le militaire, constatant qu'il y est toujours employé et se conduit bien.

La demande de renouvellement, accompagnée du certificat prescrit ci-dessus, est remise par l'intéressé même au commandant de la brigade de gendarmerie dont dépend la localité où il se trouve. Celui-ci la transmet directement au général gouverneur militaire ou au commandant du corps d'armée, suivant le cas.

Le retour du titre prolongé se fait par la même voie, et avis de la prolongation est donné au corps auquel appartient le militaire.

TITRE IV

DISPOSITIONS COMMUNES AUX CONGÉS ET AUX PERMISSIONS

Congés ou permissions accordés aux hommes de troupe pour en jouir dans les départements de la Seine et de Seine-et-Oise.

Art. 31. Il ne peut être accordé de congés et de permissions pour en jouir à Paris, dans le département de la Seine et dans celui de Seine-et-Oise, qu'aux hommes de troupe qui justifient y avoir leur famille, et qu'à ceux qui, n'y ayant pas leur famille, produisent des certificats, visés par le maire de l'arrondissement, constatant qu'ils y ont des moyens d'existence. Dans tous les cas, ces permissions et ces congés ne sont accordés qu'aux militaires ayant une bonne conduite.

Militaires de passage à Paris.

Art. 32. Les hommes de troupe qui, pour se rendre à leur destination, ont à passer par Paris, ne peuvent y séjourner plus de quarante-huit heures sans une autorisation du gouverneur militaire. En cas de nécessité dûment constatée, le gouverneur peut leur accorder des permissions de huit jours au plus.

Militaires se rendant en permission ou en congé à Paris ou à Lyon.

Art. 33. Les hommes de troupe qui se rendent en permission ou en congé à Paris ou à Lyon, doivent faire connaître, avant de quitter leur poste ou leur corps, le nom de la rue, le numéro de la maison et celui de l'arrondissement où ils comptent résider pendant leur absence.

Les officiers doivent être présents à leur corps au moment des inspections générales et à l'époque des grandes manœuvres.

Art. 34. A l'exception de cas particuliers justifiés par des raisons que l'autorité supérieure pourra apprécier, les permissions et les congés pour affaires personnelles doivent être limités de manière que les officiers soient présents à leur poste au moment des inspections générales et des manœuvres d'automne.

Le temps nécessaire à la traversée de mer ne compte pas dans la durée de l'absence.

Art. 35. Lorsque la permission ou le congé a été accordé pour se rendre *outre-mer*, le temps passé en mer pour l'aller et le retour, ou le séjour *forcé* dans les ports d'embarquement ou de débarquement, les lazarets, etc., ne compte pas dans la durée de l'absence (1).

---

(1) Dans ce dernier cas, le sous-intendant militaire chargé du service de marche, mentionnera sur les pièces d'absence du militaire les causes du séjour forcé, ainsi que la durée de ce séjour dans le port d'embarquement ou de débarquement.

Cette règle est applicable aux permissions et aux congés obtenus en Afrique et en Corse, pour aller, par mer, sur un point quelconque de la colonie ou de l'île.

Les permissions et les congés accordés aux militaires employés en Afrique ou en Corse, ou faisant partie d'une armée active ou d'un rassemblement hors du territoire, ne commencent que du jour du passage de la frontière ou de l'arrivée au port de débarquement.

Ces militaires sont considérés comme rentrés à leur poste, s'ils sont rendus à la frontière ou au port d'embarquement au jour fixé pour l'expiration de leur titre d'absence.

Prolongations nécessaires pour permettre aux militaires en permission ou en congé de n'arriver au port d'embarquement que la veille du départ du bateau.

Art. 36. Les commandants des corps d'armée où se trouvent les ports où s'embarquent les permissionnaires peuvent prolonger la durée des permissions ou des congés du nombre de jours nécessaires pour que les titulaires de ces permissions ou congés puissent, lors de leur retour, se mettre en route de manière à n'arriver au port d'embarquement que la veille seulement du jour du départ du premier paquebot partant après l'expiration de la permission ou du congé. La solde acquise pendant ces prolongations est la même que celle dont jouissait le militaire pendant son congé ou sa permission primitive.

Les intéressés doivent, aussitôt après leur débarquement en France, se présenter à la sous-intendance militaire chargée du service de marche ;

le sous-intendant militaire est tenu de mentionner, sur le titre dont ils sont porteurs, le jour du départ du paquebot qu'ils auront à prendre pour retourner à leur poste.

Cette mention ne dispense pas les intéressés de demander au commandement la prolongation nécessaire.

Quand, à l'expiration de sa permission ou de son congé, un militaire d'un corps d'outre-mer obtient une prolongation d'absence, l'autorité militaire qui l'accorde doit, en en faisant l'inscription, mentionner à la suite la date à laquelle l'intéressé devra arriver au port d'embarquement.

TITRE V

DES PROLONGATIONS DE PERMISSIONS ET DE CONGÉS

1° *Prolongations de permissions.*

Art. 37. Les gouverneurs militaires, les généraux commandant les corps d'armée, les généraux de division et les généraux de brigade exerçant un commandement territorial, peuvent accorder des prolongations de permission avec solde entière aux militaires qui se trouvent dans l'étendue du territoire placé sous leurs ordres.

En principe, ces prolongations sont réglées de façon que la durée totale de l'absence ne puisse dépasser les droits conférés à cet égard à l'autorité qui a délivré le titre de permission, ou *qui délivre l'autorisation de prolongation.*

Tout militaire en permission doit, pour obtenir une prolongation, quelle qu'elle soit, avoir au préalable l'assentiment de son chef de corps ou de service.

Ce chef de corps ou de service peut donner à l'intéressé l'autorisation qu'il sollicite, si la durée totale de l'absence ne doit pas dépasser la limite extrême des droits qui lui sont conférés.

Dans le cas contraire, le chef de corps ou de service demande, soit à son général de brigade, soit à son général de division ou commandant de corps d'armée, l'autorisation qui fera **rentrer la** durée totale de l'absence dans les limites des droits dévolus à l'un de ces officiers généraux.

Art. 38. Dans le cas où la durée de l'absence serait prolongée au delà de trente jours, la permission serait transformée en congé et il ne serait accordé que la solde d'absence pour toute la durée de ce congé ; il est fait exception à cette règle pour les cas prévus à l'article 36.

Art. 39. Sauf le cas de maladie constatée par des certificats de visite et de contre-visite délivrés par des médecins militaires, les permissions ne peuvent jamais être prolongées par les autorités militaires dans le commandement desquelles le titulaire de la permission ne fait que passer, soit pour aller jouir de cette permission, soit pour retourner à son corps ou à son poste.

Dans le cas de maladie constatée par des médecins militaires, les permissions sont prolongées à titre de convalescence.

Il est fait exception à ces dispositions en faveur des militaires de passage à Paris, auxquels le gouverneur militaire peut accorder des prolongations de permission dans les conditions et les limites fixées par les articles 18 et 32.

Art. 40. Les demandes de prolongation de permission sont établies dans la même forme que les demandes de permission, et transmises au général commandant la subdivision territoriale, en ce qui concerne les hommes de troupe, par l'intermédiaire du commandant d'armes et, à défaut, par la gendarmerie, à qui les intéressés doivent remettre leur demande.

Les officiers transmettent directement la leur au général commandant le territoire.

Toute demande de prolongation de permission doit être accompagnée de l'autorisation du chef de corps ou de service, et faite assez à temps pour permettre aux intéressés de rejoindre leur poste dans les délais de leur titre primitif d'absence, si les prolongations leur étaient refusées.

Toutefois, en cas de besoin bien justifié, les généraux peuvent autoriser les militaires en instance de prolongation à attendre dans leurs foyers la décision à intervenir de l'autorité compétente.

Art. 41. Les autorités militaires qui délivrent des prolongations de permissions doivent en informer sans retard, par un bulletin d'avis modèle nº 10, les chefs de corps ou les chefs de service dont relèvent les militaires qui obtiennent ces prolongations

Art. 42. Des avis sont aussi adressés par les médecins-chefs des hôpitaux aux chefs de corps ou de service, en ce qui concerne les militaires qui entrent à l'hôpital étant en position d'absence.

2º *Prolongations de congés.*

Art. 43. Les prolongations de congés sont demandées dans la même forme que les congés et accordées par les mêmes autorités, sans que la durée totale de l'absence puisse dépasser les limites fixées par l'article 20.

A l'intérieur, les demandes de prolongations de congés pour affaires personnelles sont adressées au général commandant la subdivision de région dans le territoire duquel le militaire qui sollicite la prolongation se trouve en congé ou en permission. Cet officier général fait parvenir la demande, avec son avis, au chef de corps ou de service dont le militaire relève normalement.

Ce dernier officier transmet cette demande, avec son avis, à ses chefs hiérarchiques, et le général commandant le corps d'armée, ou le gouverneur militaire, statue directement, quand les pouvoirs qui lui sont conférés l'y autorisent. Dans ce cas, il informe de sa décision le général commandant la subdivision de région qui a transmis la demande de prolongation, et celui-ci fait remettre à l'intéressé le titre de la prolongation.

Si la décision est réservée au Ministre, le général commandant le corps d'armée, ou le gouverneur militaire, lui transmet la demande, avec les documents à l'appui, et y joint l'avis des diverses autorités compétentes, ainsi que le sien propre.

En ce qui concerne les prolongations de congés de convalescence, les demandes sont reçues et instruites par les généraux commandant les subdivisions territoriales, et les congés accordés, dans la limite de six mois, par les généraux commandant les corps d'armée ou les gouverneurs militaires sur le territoire desquels les militaires se trouvent en congé. Au delà de six mois, les demandes sont transmises au Ministre.

Art. 44. Les militaires qui demandent une pro-

longation de congé de convalescence doivent être
de nouveau visités et contre-visités. S'ils se
trouvent en congé dans une localité où il n'existe
ni hôpital militaire ni hospice civil, et qu'ils soient
hors d'état d'être transportés, ils joignent à leur
demande de prolongation, qu'ils adressent au
général commandant la subdivision territoriale,
un certificat du médecin de la localité ou une
attestation du maire.

Art. 45. Dans le cas prévu à l'article qui pré-
cède, le général commandant la subdivision territoriale prescrit à la gendarmerie de s'assurer que
le militaire ne peut se déplacer Cette constatation
est faite, à l'égard des officiers, par le commandant
de l'arrondissement de gendarmerie ; à l'égard
des hommes de troupe, par le commandant de la
brigade.

Art. 46. Les prolongations accordées donnent
lieu, de la part de l'autorité qui les concède, aux
avis mentionnés à l'article 41.

Hommes de troupe en congé à titre de
soutien de famille.

Art. 47. Les hommes de troupe en congé à titre
de soutien de famille et qui sollicitent une prolongation adressent leur demande au général
commandant la subdivision territoriale, par l'intermédiaire de la gendarmerie , ils produisent en
même temps le certificat spécial dont il est parlé
à l'article 26, constatant que leur position de
famille ne s'est pas modifiée.

Le général commandant la subdivision donne,
si cela est nécessaire, à l'intéressé, l'autorisation
d'attendre la solution à intervenir, et transmet sa
demande, accompagnée de son avis et de l'en-

quête faite par la gendarmerie, au chef de corps ou de service sous les ordres duquel le militaire se trouve normalement placé. Le chef de corps ou de service la soumet hiérarchiquement, avec son avis, au général commandant le corps d'armée, ou au gouverneur militaire duquel il relève.

Art. 48. Le général commandant le corps d'armée, ou le gouverneur militaire, statue, dans les limites indiquées à l'article 20, ou, s'il y a lieu, transmet la demande au Ministre. Il fait ensuite connaître la décision prise au général commandant la subdivision qui a reçu et transmis la demande, et qui demeure chargé de notifier aux intéressés cette décision. Il lui adresse, à cet effet, le titre de la prolongation accordée.

Les chefs de corps ou de service sont informés par le commandant du corps d'armée, ou par le gouverneur militaire dont ils relèvent.

DISPOSITIONS SPÉCIALES AUX MILITAIRES EMPLOYÉS EN AFRIQUE OU DANS UNE ARMÉE EN CAMPAGNE HORS DU TERRITOIRE FRANÇAIS

1° Officiers, fonctionnaires, assimilés et employés militaires.

Art. 49. Les demandes de prolongation de permission et de prolongation de congé pour affaires personnelles, formées par les officiers, les fonctionnaires, les assimilés ou les employés militaires du 19ᵉ corps d'armée, de la division d'occupation de Tunisie, ou faisant partie d'une armée, sont reçues et instruites par le général commandant la subdivision de région dans le territoire duquel l'officier jouit de sa permission ou de son congé ; mais il ne peut être donné à ces demandes une suite favorable qu'autant qu'elles sont appuyées du consentement du commandant de l'armée, du corps d'armée (pour l'Algérie) ou de la division (pour la Tunisie), dont l'officier, le fonctionnaire, l'assimilé ou l'employé militaire fait partie.

Toutefois, en cas d'urgence absolue. le Ministre peut être saisi directement de la demande par le général commandant le corps d'armée sur le territoire duquel se trouve l'intéressé, à qui il peut être donné, s'il y a lieu, l'autorisation d'attendre la solution à intervenir.

2° Hommes de troupe.

Art. 50. Lorsque la prolongation de permission demandée a pour effet de porter l'absence au delà de trente jours, ou qu'il s'agit d'une prolongation de congé, le gouverneur militaire ou le général commandant le corps d'armée sur le territoire duquel le militaire jouit de sa permission ou de son congé, statue définitivement quand la demande concerne un sous-officier, caporal, brigadier ou soldat rengagé ou commissionné, et lorsque la prolongation n'a pas pour effet de porter la durée totale de l'absence à plus de trois mois. Dans les autres cas, il transmet la demande au Ministre.

TITRE VI

DISPOSITIONS SPÉCIALES AU SERVICE DE LA JUSTICE MILITAIRE

1° Conseils de guerre et de révision.

Art. 51. Les officiers en retraite, membres des

parquets militaires, peuvent obtenir du gouverneur militaire ou du général commandant le corps d'armée des permissions ou congés, avec continuation de l'indemnité judiciaire, pour affaires personnelles, n'excédant pas une durée de trente jours. Au delà de cette durée, les absences sont autorisées par le Ministre de la guerre. Toutefois, l'indemnité judiciaire ne peut être maintenue que lorsque l'absence, supérieure à trente jours, est accordée à titre de convalescence.

La même règle est applicable aux officiers en activité de service remplissant près les parquets militaires les fonctions de commissaires du Gouvernement, ou de rapporteurs, ou de substituts, aux officiers d'administration greffiers et aux adjudants commis-greffiers.

2° Prisons et pénitenciers militaires et ateliers de travaux publics.

Art. 52. Le gouverneur militaire ou le général commandant le corps d'armée peut accorder des permissions d'une durée de huit jours à l'officier commandant un pénitencier militaire ou un atelier de travaux publics; au delà de cette limite, l'autorisation d'absence est donnée par le Ministre.

Art. 53. Pour les officiers autres que le commandant de l'établissement, pour les officiers d'administration comptables ou adjoints, les sous-officiers comptables ou surveillants, les permissions sont accordées par les autorités, dans les limites indiquées au tableau faisant suite à l'article 11, le commandant ayant les pouvoirs d'un chef de corps.

Au delà de ces limites, les autorisations d'absence sont données par le Ministre.

Art. 54. Toutes les prolongations de congé sont accordées par le Ministre.

Art. 55. Les dispositions qui précèdent, relatives aux pénitenciers militaires et aux ateliers de travaux publics, sont applicables au personnel employé dans les prisons militaires.

Toutefois, dans les prisons où il n'y a pas de conseil d'administration, et par conséquent pas de commandant, les permissions de quatre jours sont accordées par le commandant d'armes.

TITRE VII

DISPOSITIONS SPÉCIALES AUX OFFICIERS EN RETRAITE FAISANT PARTIE DU PERSONNEL ADMINISTRATIF PERMANENT ET SOLDÉ DU RECRUTEMENT ET DE L'ARMÉE TERRITORIALE

Art. 56. Les dispositions de l'article 54 sont applicables, en ce qui concerne l'indemnité de service, aux officiers en retraite faisant partie du personnel administratif permanent et soldé du recrutement et de l'armée territoriale.

TITRE VIII

DISPOSITIONS SPÉCIALES A LA GENDARMERIE

Permissions et congés accordés par les généraux.

Art. 57. Les militaires de la gendarmerie peuvent obtenir des généraux des permissions et des congés dans les mêmes conditions que les militaires des autres armes.

Toutefois, il n'est pas accordé de congé à titre

de soutien de famille aux militaires de la genda:-merie.

Les congés pour attendre dans leurs foyers la liquidation de leur pension de retraite ne sont accordés à ces militaires que par le Ministre.

Permissions accordées par les chefs de légion.

Art. 58. Les chefs de légion peuvent concéder, en cas d'urgence, des permissions de huit jours avec solde d'absence et de quatre jours avec solde de présence, aux officiers, sous-officiers, brigadiers et gendarmes sous leurs ordres, à la condition d'en rendre compte sans délai au gouverneur militaire ou au général commandant le corps d'armée, par un bulletin conforme au modèle n° 1 annexé au présent décret.

Attributions des commandants de compagnie.

Art. 59. Le commandant de la compagnie peut accorder des permissions de quatre jours avec solde d'absence, et de deux jours avec solde de présence, aux militaires de tous grades placés sous ses ordres. Il en rend compte immédiatement au chef de légion par la voie du rapport journalier.

Attributions des commandants d'arrondissement.

Art. 60. Le commandant de l'arrondissement peut accorder des permissions de deux jours, avec solde d'absence, aux sous-officiers, brigadiers et gendarmes placés sous ses ordres. Il en rend compte immédiatement au commandant de la compagnie par la voie du rapport journalier.

Art. 61. Le nombre des permissions à accorder dans chaque compagnie est limité par le chef de légion.

Des prolongations de permissions et de congés.

Art. 62. Les prolongations de permissions et de congés sont accordées aux militaires de la gendarmerie conformément aux règles établies dans le titre V du présent décret.

TITRE IX

MARINE

Art. 63. Les dispositions contenues dans le présent décret ne sont pas applicables aux militaires de la marine. Ces militaires restent soumis aux règles tracées par les circulaires qui les concernent spécialement, et qui sont insérées au *Journal militaire officiel* (1).

TITRE X

ABROGATION DES DISPOSITIONS ANTÉRIEURES

Art. 64. Toutes les dispositions antérieures au présent décret, et relatives à la concession des permissions et des congés, sont et demeurent abrogées.

---

(1) 19 mars 1870 ; — 6 novembre et 5 décembre 1873 ; — 8 et 30 juillet 1874 ; — 22 décembre 1876 ; — 6 novembre 1879 ; — 2 avril 1880.

Disposition finale.

Art. 65. Le Ministre de la guerre est chargé de l'exécution du présent décret.

Fait à Paris, le 18 juin 1884.

Signé : JULES GRÉVY.

Par le Président de la République :

Le Ministre de la Guerre,
Signé : E. CAMPENON.

MODÈLES

MODÈLE N° 1.

nt .. { Hauteur.. 0m.340
{ Largeur.. 0m.210

CORPS D'ARMÉE
ou
VERNEMENT MILITAIRE

Corps
ou
service. {

• DIVISION

• SUBDIVISION

PLACE d

Bulletin individuel de compte rendu d'un
d (1)

accordé par (2)

NOM ET PRÉNOMS de l'officier autorisé à s'absenter.	GRADE et emploi.	LIEU OÙ L'OFFICIER		DATE du départ.	OBSERVATIONS.
		est en garnison.	désire se rendre.		

1) Indiquer la nature de bsence et sa durée.
2) Indiquer l'autorité qui a livré le titre d'absence.

A   , le   188 .

Le (2)

Monsieur le Ministre de la Guerre, à Paris.
° *Direction,*   ° *Bureau (Personnel).*

Format . . { Hauteur.. 0m.350.
{ Largeur.. 0m.210.

MODÈLE N° 2

° CORPS D'ARMÉE

ou

GOUVERNEMENT MILITAIRE
de

Corps {
ou {
service. {

*DIVISION

*SUBDIVISION

PLACE de

Demande d'un (1)   *en faveur*

M. (2)

en garnison à

DURÉE de l'absence ou de la prolongation.	MOTIFS.	LIEU où l'officier désire se rendre.	OBSERVATIONS et indication des pièces jointes à la demande, quand il y a lieu.
Avis motivé.	du chef de corps ou de service.		
	du général de brigade ou du directeur du service.		
	du général de division.		
	du général commandant le corps d'armée.		

(1) Permission de   avec solde de
    ou prolongation de...
    Congé de   pour affaires personnelles.
    ou prolongation de
    Congé de convalescence   ou prolon-
    gation de
    Congé pour aller faire usage des eaux ther-
    males.
    Congé de   pour aller à l'étranger à
(2) Nom, prénoms, grade ou emploi et fonc-
    tions.
(3) Désigner l'autorité qui décide sur l'objet
    de la demande.

(Décision du (3)

A   , le   188

Le (3)

{ Hauteur.. 0m,340.
{ Largeur.. 0m,210.

MODÈLE Nᵒ 3.

CORPS D'ARMÉE
ou
GOUVERNEMENT MILITAIRE

Corps
ou
service. {

DIVISION

e SUBDIVISION

PLACE de

*Demande d'un (1)
en faveur du nommé (2)
immatriculé sous le nᵒ   de la classe de
et libérable du service actif le   188 .*

DURÉE de l'absence de la prolongation	MOTIFS.	LIEU OU LE MILITAIRE		OBSERVATIONS et indication des pièces jointes, quand il y a lieu à la demande.
		tient garnison.	désire se rendre.	
AVIS MOTIVÉ	du chef de corps ou de service.			
	du général de brigade ou du directeur de service.			
	du général de division.			
	du général commandant le corps d'armée.			

Permission de   avec solde de   ou
solde ou prolongation de
congé de   pour affaires personnelles, ou
prolongation de
congé de   à titre de soutien de famille.
prolongation de
congé de convalescence de   ou prolongation de
congé de   pour aller à l'étranger à
congé de   à titre de continuation d'études.
prolongation de
congé de   pour continuer à être détaché
à les compagnies de chemins de fer.
(2) Nom, prénoms, grade ou emploi. Indiquer
également si le militaire est rengagé ou commissionné et la date du passage dans la réserve.
(3) Désigner l'autorité qui décide sur l'objet
de la demande.

Congés et permissions.

Décision du (3)

A   , le   188 .

Le (3)

4

at . . { Hauteur. 0m.340.
{ Largeur. 0m.210.

MODÈLE Nº 4.

CORPS D'ARMÉE
ou
GOUVERNEMENT MILITAIRE

Corps
ou
service.

e DIVISION

SUBDIVISION

PLACE D

PERMISSION DE (1)
valable jusqu'au (1)

JOURS
inclus.

OFFICIER

En vertu du Décret du 18 juin 1884,
le (2)　　　　　accorde à M. (3)
une permission de (1)　　　jours avec solde d (4)
　　　valable jusqu'au (1)　　188　inclus, pour se rendre
à　　, canton d　　, département d

M　　devra avoir rejoint son poste à l'expiration
de la présente permission, qui datera du (1)

Il devra, dès son arrivée dans le lieu où il se rend en
permission, faire connaître son adresse et le temps présumé de son séjour : 1° au général commandant la place
de Paris, s'il doit résider à Paris ou dans le département
de la Seine ; 2° au commandant d'armes dans toute
autre ville de garnison; 3° à l'officier commandant la
gendarmerie de l'arrondissement s'il n'y a pas de garnison dans le lieu où il doit jouir de sa permission.

Si, pendant le cours de sa permission, il vient à changer de résidence, soit en vertu des indications portées sur
le présent titre, soit après autorisation du général commandant la subdivision où il se trouve en permission,
il sera tenu aux mêmes formalités, et, de plus, il
préviendra directement son chef de corps ou de service.

Il ne pourra se dispenser d'exhiber le présent titre de
permission sur la réquisition qui lui en sera faite par la
gendarmerie ou par les agents des chemins de fer s'il
voyage en tenue bourgeoise.

　　　　A　　　, le　　　188　.
　　　　　Le (2)

(1) Inscrire en
toutes lettres le
nombre de jours
la date.
(2) Désigner
autorité.
(3) Porter les
nom, prénoms,
grade ou emploi
e l'officier.
(4) Spécifier si
est avec solde
e présence ou
vec solde d'ab-
ence.

u et inscrit au
contrôle :
Le Major,

Numéro d'ins-
ription au regis-
re spécial des
ermissions.

Vu : bon pour servir de feuille de route à l'officier dé-
signé ci-dessus, partant de　　　　, le (1)
18　. pour se rendre à　　, département d
　　　　A　　　, le　　　188　.
　　　Le Sous-Intendant militaire
chargé de la surveillance administrative du corps,

INDICATION des principaux points du trajet à parcourir tant à l'aller qu'au retour, sur la demande de l'officier.	DÉTAIL des visa tenant lieu de feuille de route pour les changements de résidence pendant la durée de la permission.

Format . . { Hauteur.. 0m,340.
{ Largeur . 0m,210.

MODÈLE N° 5.

· CORPS D'ARMÉE

ou

GOUVERNEMENT MILITAIRE

d

· DIVISION

· SUBDIVISION

PLACE d

(1) Écrire en toutes lettres le nombre de jours et la date.
(2) Désigner l'autorité.
(3) Porter les nom, prénoms, grade ou emploi, la classe et la date de la libération. Indiquer également si le militaire est rengagé ou commissionné.
(4) Spécifier si c'est avec solde de présence, avec solde d'absence ou sans solde.

SIGNALEMENT

Agé de   ans, né le   , taille de 1 mèt.   mill.. cheveux   , sourcils   , front   , yeux   , nez   , bouche   , menton   , visage   , marques particu

Corps ou service. {

PERMISSION DE (1)   JOURS

Valable jusqu'au (1)   inclus.

SOUS-OFFICIER OU SOLDAT

En vertu du Décret du 18 juin 1884, le (1)   accorde au sieur (3)   de la classe de 18   , libérable du service actif le   18   (rengagé ou commissionné), une permission de (1)   jours, avec solde d (4)   , valable jusqu'au (1)   188   inclus, pour aller à   , cant n d   , département d

Il devra avoir rejoint son poste à l'expiration de la présente permission, qui datera du (1)   188 .

Le porteur devra, à son arrivée à destination, faire viser la présente permission et faire connaître son adresse : 1° au général commandant la place de Paris, s'il doit résider à Paris ou dans le département de la Seine ; 2° au commandant d'armes, dans toute autre ville de garnison ; 3° au commandant de la brigade de gendarmerie dont dépend sa résidence, s'il n'y a pas de garnison au lieu où il doit jouir de sa permission.

Il se présente à la même autorité la veille de son départ pour rejoindre son corps.

Dans le cas où il obtiendrait une autorisation de changement de résidence, il serait tenu de remplir les mêmes formalités au lieu où il se rendrait.

Le Major,

rejoindre son corps

Dans ce cas, il pourra être astreint à payer demi-place sur les chemins de fer : le prix de son voyage lui sera d'ailleurs remboursé à sa rentrée au corps.

A   , le   188 .

Le (2)   ,

No d'inscription au répertoire spécial des permissions.

Vu : bon pour servir de feuille de route au militaire dénommé ci-dessus, partant de   , le (1)   pour se rendre à département d

Ce militaire aura droit au logement seulement

A   , le   188 .

Le Sous-Intendant militaire
chargé de la surveillance administrative du corps,

<table>
<tr><td>

PROCÈS-VERBAL DE REMISE DE L'ORDRE
DE RAPPEL.

Aujourd'hui   188 , nous , soussigné , gendarme à la résidence d   , agissant en vertu de l'ordre du Ministre de la guerre en date du   , avons notifié un ordre de rappel au nommé   , au e régiment d   , en permission, à   , rue   , no , parlant à   , qui a déclaré

Cet ordre prescrit au nommé   de rejoindre son corps dans les quarante-huit heures qui suivront la présente notification.

Et afin que le susnommé n'en ignore, nous lui avons laissé l'ordre de rappel.

Dont acte, à   , le   188 .

Le Gendarme,

</td><td>

ORDRE DE RAPPEL.

En exécution des ordres du Ministre de la Guerre en date du   , il est ordonné au nommé   (indiquer le grade) au (indiquer le corps), en permission de   jours, valable jusqu'au   à   rue   no . département d   . de se mettre en route immédiatement pour rejoindre son corps à   .

Il devra y être rendu dans les quarante-huit heures qui suivront la remise du présent ordre, sous peine d'être recherché et reconduit par la gendarmerie, et sans préjudice des poursuites ultérieures prévues par les articles 230 et 231 du Code de justice militaire

.   *Le Chef de corps,*

</td></tr>
</table>

L'ordre de rappel, signé par le chef de corps au départ du permissionnaire, et le procès-verbal de remise sont détachés du titre de permission au moment où le militaire fait viser son titre à son arrivée à destination.

Dès que l'ordre lui en est donné, la gendarmerie remet à l'intéressé l'ordre de rappel qui le concerne, remplit le procès-verbal de remise et le retourne au corps.

INDICATION DES POINTS PRINCIPAUX du trajet à parcourir tant à l'aller qu'au retour.	DÉTAIL DES VISA D'ARRIVÉE ET DE DÉPART

	DÉSIGNATION des effets.	NOMBRE D'EFFETS
Le décompte de la solde du militaire dénommé d'autre part lui a été fait jusqu'au inclus. Il lui reste à la masse individuelle la somme de : Il est porteur des effets détaillés ci-contre :		

En conséquence du détail ci-dessus, ce militaire n'aura besoin d'aucu secours pendant sa route pour aller en permission et en revenir.

A   , le   188 .

Le Commandant de

CERTIFICAT DE VISITE AU DÉPART DU CORPS

Le dénommé d'autre part n'est atteint d'aucune maladie contagieuse.

A   , le   188 .

Le Médecin,

{ Hauteur. . 0m.340
Format. . { Largeur. . 0m.210

° CORPS D'ARMÉE.
ou
GOUVERNEMENT MILITAIRE
d

° DIVISION

° SUBDIVISION

PLACE d

(1) Indiquer la nature
et la durée du congé ou de
la prolongation.
(2) Désigner l'autorité.
(3) Porter les nom, pré-
noms, grade et emploi.
(4) Indiquer si c'est un
congé ou une prolonga-
tion, sa nature et sa durée.
(5) Inscrire la date en
toutes lettres.

Corps
ou
service.

CONGÉ DE (1)

OFFICIER

En vertu des pouvoirs qui lui sont dévolus par l'article 20 du Décret du 18 juin 1884, le (2) accorde à M. (3) un (4) valable jusqu'au (5) 188 inclus, , pour se rendre à canton d , département d

M. devra avoir rejoint son poste à l'expiration d présent (4) qui dater du (5).

Il devra, dès son arrivée dans le lieu où il se rend en congé, faire connaître son adresse et le temps présumé de son séjour : 1° au général commandant la place de Paris, s'il doit résider à Paris ou dans le département de la Seine ; 2° au commandant d'armes dans toute autre ville de garnison ; 3° à l'officier commandant la gendarmerie de l'arrondissement, s'il n'y a pas de garnison au lieu où il doit jouir de son congé.

Si, pendant le cours de son congé, il vient à changer de résidence, soit en vertu des indications portées sur le présent titre, soit après autorisation du général commandant la subdivision où il se trouve en congé, il sera tenu aux mêmes formalités, et, de plus, il préviendra son chef de corps ou de service.

A , le 188 .

Le (2)

Format. { Hauteur 0m.3 0.
{ Largeur 0m.210.

MODÈLE N° 7.

· CORPS D'ARMÉE
ou
GOUVERNEMENT MILITAIRE
de

○ DIVISION

· SUBDIVISION

Place d

Corps
ou
service. {

CONGÉ DE (1)

SOUS-OFFICIER OU SOLDAT

En vertu des pouvoirs qui lui sont dévolus par l'article 20 du Décret du 18 juin 1884, le (2)   accorde au sieur (3)   , de la classe de 18 , libérable du service actif le   (rengagé ou commissionné), un (1)   , valable jusqu'au (4)   188 inclus, pour aller à   , canton d   , département d

Il devra avoir rejoint son poste à l'expiration du présent (1) qui datera du (4)   188 .

Le porteur devra, à son arrivée à destination, faire viser le présent (1)   et faire connaître son adresse : 1° au général commandant la place de Paris, s'il doit résider à Paris ou dans le département de la Seine ; 2° au commandant d'armes, dans toute autre ville de garnison ; 3° au commandant de la brigade de gendarmerie dont dépend sa résidence, s'il n'y a pas de garnison au lieu où il doit jouir de son congé.

Il se présente à la même autorité la veille de son départ pour rejoindre son corps.

Dans le cas où il obtiendrait une autorisation de changement de résidence, il serait tenu de remplir les mêmes formalités au lieu où il se rendrait.

Toute infraction à cette prescription entraînera une punition sévère.

En cas de mobilisation, le porteur du présent titre devra se mettre immédiatement en route sans attendre aucune notification individuelle et re-

(1) Indiquer la nature et la durée du congé ou de la prolongation.
(2) Désigner l'autorité.
(3) Porter les nom, prénoms, grade ou emploi, la classe et la date de la libération. Indiquer également si le militaire est rengagé ou commissionné.
(4) Inscrire la date en toutes lettres.

SIGNALEMENT

Agé de   ans, né le   taille de 1 mètre   millim., cheveux et sourcils   , front   , yeux nez   , bouche   , menton   , visage   , marques particulières :

Vu et inscrit au volume :

Le Major,

Dans ce cas, il pourra
de fer : le prix de son voyage lui sera d'ailleurs remboursé à sa rentrée
au corps.

A   le   188   .

Le (2)

Vu : bon pour servir de feuille de route au militaire dénommé ci-dessus,
partant de   , le (3)   pour se rendre à   ,
département d
Ce militaire aura droit au logement seulement.

A   , le   183   .

Le Sous-Intendant militaire
chargé de la surveillance administrative du corps,

No d'inscription au répertoire spécial des congés.

PROCÈS-VERBAL DE REMISE DE L'ORDRE DE RAPPEL.

Aujourd'hui   188   , nous, soussigné, gendarme à la
résidence d   , agissant en vertu de l'ordre du Ministre de
la Guerre en date du   , avons notifié un ordre de rappel
au nommé   , au   e régiment d   , en congé d
     , rue   , no   , parlant à   , qui a déclaré   .
Cet ordre prescrit au nommé   de rejoindre son corps dans
les quarante-huit heures qui suivront la présente notification.
Et afin que le susnommé n'en ignore, nous lui avons laissé
l'ordre de rappel.
Dont acte, à   , le   188   .

Le Gendarme,

ORDRE DE RAPPEL.

En exécution des ordres du Ministre de la Guerre en date
du   , il est ordonné au nommé   , au   e régiment
d   , en congé à   , rue   , no   , département
d   , de se mettre en route immédiatement pour rejoindre
son corps à
Il devra y être rendu dans les quarante-huit heures qui
suivront la remise du présent ordre, sous peine d'être recher-
ché et reconduit par la gendarmerie   et sans préjudice des
poursuites ultérieures prévues par les articles 230 et 231 du
Code de justice militaire.

Le Chef de corps,

L'ordre de rappel, signé par le chef de corps au moment du départ du titulaire pour se rendre en congé, et le procès-
verbal de remise sont détachés du titre de congé au moment où le militaire fait viser son titre à son arrivée à destination.
Dès que l'ordre lui en est donné, la gendarmerie remet à l'intéressé l'ordre de rappel qui le concerne, remplit le procès-
verbal de remise et le retourne au corps.

INDICATION DES POINTS PRINCIPAUX du trajet à parcourir tant à l'aller qu'au retour.	DÉTAIL DES VISA D'ARRIVÉE ET DE DÉPART

Le décompte de la solde du militaire dénommé d'autre part lui a été fait jusqu'au   inclus.

Il lui reste à la masse individuelle la somme de :

Il est porteur des effets détaillés ci-contre :

DÉSIGNATION DES EFFETS	NOMB d'effe

En conséquence du détail ci-dessus, ce militaire n'aura besoin d'a un secours pendant sa route pour aller en congé et en revenir.

A   , le   188   .

Le Commandant de

CERTIFICAT DE VISITE AU DÉPART

Le dénommé d'autre part n'est atteint d'aucune maladie contagieuse.

A   , le   188   .

Le Médecin,

MODÈLE Nᵒ 8.

rmat . . { Hauteur . . 0ᵐ.340
{ Largeur . . 0ᵐ.210

ᵉ CORPS D'ARMÉE
ou
GOUVERNEMENT MILITAIRE
de

ᵒ DIVISION

ᵉ SUBDIVISION

PLACE d

Indiquer le corps {
ou le service.

CONGÉ DE CONVALESCENCE

de (1)

SOUS-OFFICIER OU SOLDAT

En vertu des pouvoirs qui lui sont dévolus par l'article 20 du Décret du 18 juin 1884, le (2)
accorde au sieur (3)   de la classe de   ,
libérable du service actif le   ,
(rengagé ou commissionné, un   de convalescence, de (1)   valable jusqu'au (4)
188   inclus, pour aller à   ,
canton d   , département d   .

Il devra avoir rejoint son poste à l'expiration d présent   , qui datera du (4)   188 .

Le porteur devra, dans les 48 heures de son arrivée à destination et la veille de son départ pour rejoindre le corps, faire viser le présent titre par le commandant de la brigade de gendarmerie dont dépend sa résidence, ou, s'il va en congé dans le département de la Seine, par le général commandant la place de Paris.

Dans le cas où il obtiendrait un changement de résidence, il serait tenu de remplir les mêmes formalités au lieu où il se rendrait.

Toute infraction à cette prescription entraînera une punition sévère.

A   , le   188 .

Le (2)

---

(1) Indiquer la durée du congé ou de la prolongation.

(2) Désigner l'autorité.

(3) Porter les nom, prénoms, grade ou emploi, la classe et la date de la libération. Indiquer également si le militaire est rengagé ou commissionné.

(4) Inscrire la date en toutes lettres.

Format . . { Hauteur. 0m.210.
{ Largeur. 0m.340.

· **CORPS D'ARMÉE**

ou

GOUVERNEMENT MILITAIRE ·

d

· DIVISION

· SUBDIVISION

ÉTAT-MAJOR

Modèle N° **9.**

Bulletin indicatif d'autorisation de changement de résidence accordée à un militaire en (congé de   ou en permission de   ).

NOM	GRADE et corps.	POSITION actuelle.	LIEU où le militaire se trouve.	LIEU où le militaire est autorisé à se rendre.	DATE de la décision	OBSERVATIONS

A Monsieur le Président du Conseil d'administration du
sous le couvert de M. le Général commandant

A   , le   188   .

GOUVERNEMENT MILITAIRE
d...

• DIVISION

• SUBDIVISION

ÉTAT-MAJOR

Corps
ou
service.

Bulletin indicatif de (1)

N°

(1) Permission,
ou congé pour affaires personnelles,
ou congé de convenance,
ou congé à titre de soutien de famille,
ou congé pour aller faire usage des eaux,
ou congé à titre de continuation d'études,
ou congé pour continuer à être détaché
  dans les compagnies de chemins de fer,
ou prolongation de permission,
ou prolongation de congé, de..., etc.

NOM et PRÉNOMS	GRADE	DATE de la décision par laquelle la permission ou le congé a été accordé.	DURÉE	LIEU où le militaire doit en profiter.	AUTORITÉ qui a accordé le congé ou la permission.	OBSERVATIONS

A MM. les Membres du Conseil d'administration du
sous le couvert de M. le Général commandant
le... corps d'armée à   A   , le   188 .

P. O. : *Le Chef d'état-major,*

www.ingramcontent.com/pod-product-compliance
Ingram Content Group UK Ltd.
Pitfield, Milton Keynes, MK11 3LW, UK
UKHW021119140726
13695UKWH00004B/1588